VIES TRANSFORMÉES

RÉCITS DE LA SECONDE GUERRE MONDIALE

Tim Cook Britt Braaten

MUSÉE CANADIEN DE LA GUERRE
CANADIAN WAR MUSEUM

Catalogage avant publication de Bibliothèque et Archives Canada

Titre : Vies transformées : récits de la Seconde Guerre mondiale / Tim Cook et Britt Braaten.

Noms : Cook, Tim, 1971- auteur. | Braaten, Britt, auteur | Musée canadien de la guerre, organisme de publication.

Collections : Collection catalogue-souvenir; 26.

Description : Mention de collection : La collection catalogue-souvenir, ISSN 2291-6377; 26
Publié aussi en anglais sous le titre : Forever changed: stories from the Second World War.

Identifiants : Canadiana 2020021473X
ISBN 9780660252599 (couverture souple)

Vedettes-matière : RVM : Musée canadien de la guerre—Catalogues.
RVM : Guerre mondiale, 1939-1945—Récits personnels canadiens.
RVM : Guerre mondiale, 1939-1945—Canada.
RVMGF : Catalogues.

Classification : LCC D768.15 .C6614 2020
CDD 940.53/71—dc23

Publié par le
Musée canadien de la guerre
1, place Vimy
Ottawa (Ontario) K1A 0M8
museedelaguerre.ca

Imprimé et relié au Canada

Le présent ouvrage est publié dans le cadre d'une exposition réalisée par le Musée canadien de la guerre.

Conception graphique et couverture :
InnovaCom Marketing & Communication

Avant-propos

La Seconde Guerre mondiale a été un conflit d'une ampleur quasi inimaginable : des centaines de millions de personnes en uniforme ont été dispersées sur la surface du globe, et des millions de militaires et de membres de la population ont perdu la vie. Cette guerre a été une expérience intensément personnelle, transformant la vie des gens qui l'ont vécue.

Au Canada, l'effort de guerre reposait sur une ardeur dévorante – sa population d'à peine 11,5 millions de personnes a vu près de 1,1 million d'hommes et de femmes servir dans les forces armées. Sur le front intérieur, tout le monde a été touché par la guerre, comme ouvriers et ouvrières dans les industries liées à la guerre ou comme proches d'êtres chers en service à l'étranger.

Ce catalogue-souvenir de l'exposition **Vies transformées – Récits de la Seconde Guerre mondiale**, du Musée canadien de la guerre, porte sur un moment charnière de l'histoire mondiale. Il explore, par la présentation d'artéfacts fascinants et de récits personnels touchants, le côté humain d'une guerre dont le cout a été assumé par les gens ordinaires de diverses communautés partout au Canada.

Vies transformées présente Edith Vollrath, une ouvrière qui travaillait dans une usine de munitions à Ajax, en Ontario. Nous pouvons y faire la rencontre du matelot de 2e classe Georges Boyer, descendant de Louis Riel et membre de l'équipage qui a guidé un navire endommagé à bon port après l'attaque d'un sous-marin allemand, ou encore du major Alex Campbell, qui a mené ses troupes depuis le front jusqu'en Italie, où il est mort au combat.

La tragédie de la guerre peut aussi hanter longtemps les souvenirs. L'infirmière militaire Winnie Burwash, témoin de la dévastation en Europe, en a été profondément traumatisée. Sur le front intérieur, Albert Socqué a été gravement brulé en sauvant un collègue de travail d'un incendie qui s'était déclenché dans une usine de munitions à Valleyfield, au Québec.

À l'occasion du 75e anniversaire de la fin de la Seconde Guerre mondiale, *Vies transformées* donne un visage humain à ce conflit déterminant de l'histoire du Canada et du monde.

Caroline Dromaguet
DIRECTRICE GÉNÉRALE PAR INTÉRIM
Musée canadien de la guerre

Introduction

La Seconde Guerre mondiale s'est déroulée sur presque tous les continents, sur terre, en mer et dans les airs. Des millions de personnes en uniforme y ont participé et ont servi, dans leur pays et à l'étranger.

Pour la plupart des pays en guerre, ce conflit constituait une lutte pour la survie, et toutes les armes et les tactiques étaient permises pour gagner ou résister. Dans les villes, les villages et les campagnes qui les séparaient, des millions de personnes ont été tuées par les forces combattantes qui poursuivaient leur avancée. Cette guerre où pleuvaient les balles, les obus et les bombes a été marquée par la famine, la terreur et le génocide.

Le Canada est entré en guerre le 1er septembre 1939, après l'invasion de la Pologne par l'Allemagne. Des gens n'ont pas tardé à s'enrôler dans les forces armées pour défendre le Canada et aider l'Angleterre. Le premier ministre William Lyon Mackenzie King espérait un engagement limité de la part du Canada pendant le conflit, lors duquel le pays pourrait soutenir ses alliés sans pour autant faire éclater la fragile unité nationale le long des lignes de fracture, existantes ou potentielles, que pourrait provoquer la décision de mener un effort de guerre complet.

Toutefois, la majorité de la population voulait plus que la contribution limitée souhaitée par Mackenzie King. Finalement, près de 1,1 million de femmes et d'hommes auront servi au sein des forces armées, sur une population de seulement 11,5 millions de personnes. Presque tout le monde au Canada a aussi été touché par la guerre – en craignant pour la vie de proches au front, en travaillant pour les industries de la guerre et en contribuant à la victoire.

Gwen Jones et son frère,
le matelot de 1re classe
Keith Jones, en 1943.

Photo intitulée « Ladies Gossip Circle » (Bavardage entre femmes), par Michiko (Ishii) Ayukawa. On y voit les voisines de Michiko, après leur réinstallation forcée à Lemon Creek (Colombie-Britannique).

L'emplacement géographique du Canada a constitué son meilleur rempart contre les horreurs déclenchée par l'Allemagne, en Europe, et par le Japon, en Extrême-Orient. En dépit d'attaques sur les côtes est et ouest ainsi que le long du fleuve Saint-Laurent, les gens restés au pays ont pu contribuer de façon importante à l'effort de guerre, sans craindre de voir leur ville détruite par les bombardements. Par ailleurs, même si le Canada était relativement à l'abri des attaques, les proches de nombreuses personnes au pays souffraient de l'occupation en Europe ou en Asie.

L'une des contributions les plus importantes du Canada à l'effort de guerre des Alliés a été la signature, en décembre 1939, de l'accord confirmant sa participation à la mise en œuvre du Programme d'entrainement aérien du Commonwealth. Ce programme a vite donné naissance à un réseau pancanadien de bases aériennes et d'écoles d'aviation où ont été formées 131 500 personnes.

La guerre a changé lorsque l'Allemagne s'est emparée de l'Europe de l'Ouest, en 1940. Puis, elle a pris une nouvelle tournure quand l'Allemagne a envahi l'Union soviétique en juin 1941, faisant de Staline un allié improbable de l'Ouest.

On se souvient particulièrement de la frappe aérienne du Japon à Pearl Harbor, le 7 décembre 1941, mais ce pays a aussi mené des attaques-surprises dans tout le Pacifique et l'Extrême-Orient, sur les possessions américaines, britanniques, philippines et néerlandaises.

Deux bataillons canadiens ont participé à la défense de Hong Kong. Après l'ultime défaite infligée par le Japon, des militaires et des membres de la population ont enduré d'énormes privations et la captivité dans les camps de guerre. Des milliers d'autres militaires du Canada ont servi en Extrême-Orient, surtout en Birmanie (devenue le Myanmar).

Autour du monde, des Canadiennes et des Canadiens, militaires ou non, ont dû se mobiliser pour une longue guerre. De juin 1944 à mai 1945, ces gens ont combattu les forces allemandes dans la région de l'Atlantique Nord, dans la Manche, dans le ciel de l'Europe, en Italie et dans le cadre de vastes opérations terrestres à travers l'Europe du Nord-Ouest.

Payé par les militaires ainsi que par leurs familles et leurs communautés, le prix de la victoire a été élevé. Quelque 45 000 personnes ont perdu la vie, et près de 55 000 sont rentrées blessées au pays. D'innombrables autres ont porté des cicatrices invisibles.

Jamais, cependant, le Canada n'avait livré la guerre pour des idéaux aussi importants.

Artilleurs canadiens
en Sicile, en 1943.

La guerre au pays

Le Canada a défendu les lignes de ravitaillement vers l'Europe et soutenu l'effort de guerre des Alliés. Loin des forces allemandes en Europe et des forces japonaises dans le Pacifique durant les premières années de la guerre, le Canada a envoyé des troupes pour défendre la Grande-Bretagne et érigé des fortifications le long de ses côtes est et ouest.

La production industrielle a été l'une des contributions les plus importantes du Canada à la victoire des Alliés. Les travailleuses et les travailleurs d'usine ont joué un rôle crucial dans l'effort de guerre des Alliés au sein d'industries de guerre massives et variées. Le résultat a été stupéfiant : 8 655 navires et petits bâtiments, 42 966 pièces d'artillerie, 800 000 véhicules militaires et plus de 1 700 000 armes légères.

De 1939 à 1945, le Canada a produit de l'équipement de guerre et de la nourriture d'une valeur totalisant 11 milliards de dollars, somme qui équivaut aujourd'hui à plus de 125 milliards de dollars.

01

Chaine de montage de chars d'assaut à la Montreal Locomotive Works, Montréal (Québec), à l'été 1943.

La communauté civile en temps de guerre

La guerre a eu des répercussions dans la vie de la communauté civile au Canada. Tous et toutes s'inquiétaient pour leurs proches dans les forces armées ou pour des membres de la famille se trouvant dans un territoire occupé par l'ennemi, craignant aussi la possibilité d'un assaut en territoire canadien. Beaucoup ont aussi pleuré leurs proches qui avaient perdu la vie.

Dans d'autres régions du monde, la population s'est adaptée aux réalités de la guerre. La Londonienne Alice Birch a créé cette courtepointe, point par point, tandis que les bombes tombaient à proximité. Cette activité répétitive la calmait chaque fois qu'elle devait se réfugier dans un abri antiaérien.

Les descendantes et les descendants d'Alice ont conservé la courtepointe et l'ont emmenée au moment d'émigrer au Canada.

1944

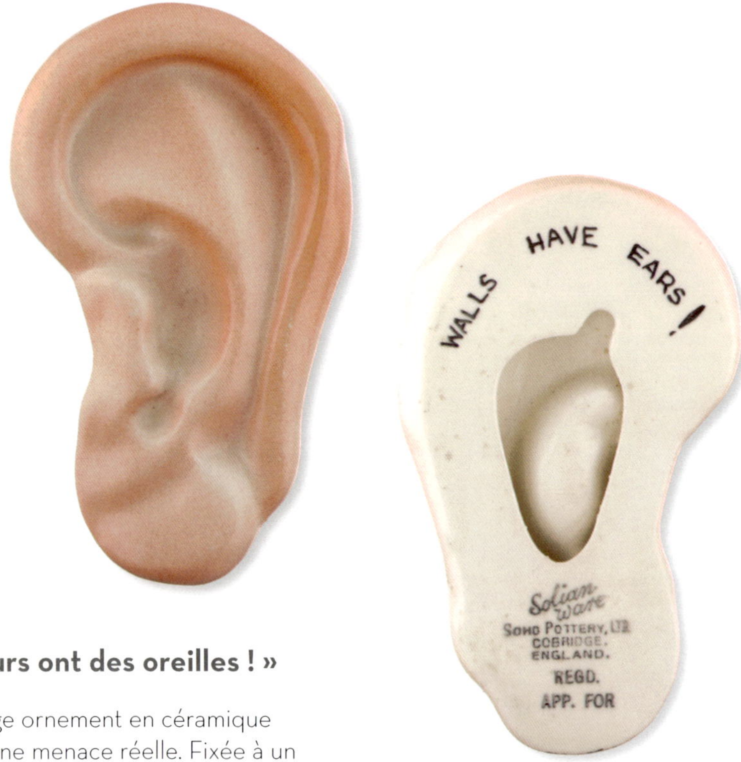

« Les murs ont des oreilles ! »

Cet étrange ornement en céramique évoquait une menace réelle. Fixée à un mur, l'oreille rappelait aux gens de ne pas discuter de secrets militaires, car on ne savait jamais si l'ennemi était à l'écoute.

Danger sur le front intérieur

Albert Socqué, G.M. (1909-1989)

Lorsqu'un chargement de nitrocellulose servant à la fabrication d'explosifs militaires a pris feu à l'arrière d'un camion, Albert Socqué, le chauffeur, a été prompt à réagir. Il s'est élancé au cœur des flammes, hautes de six mètres, pour extirper un collègue piégé par l'incendie d'origine chimique.

Les deux hommes ont survécu, mais Albert a subi de graves brulures en secourant son collègue. Pour son héroïsme et son abnégation, Albert a été décoré de la Médaille de George, l'une des plus hautes reconnaissances pour la bravoure. Il est l'un des trois civils canadiens à avoir été décorés de cette médaille pendant la Seconde Guerre mondiale.

La Médaille de George a été instituée en 1950 par le roi George VI lors de la campagne de bombardement allemande connue sous le nom de Blitz. Elle reconnait les actes de courages civils.

Une ouvrière en temps de guerre

Edith (Vollrath) Whitford (1925-)

Déceler des fissures dans les moteurs d'avion et remplir d'explosifs liquides les enveloppes de bombes peuvent sembler des tâches inhabituelles pour une adolescente, mais ce n'était pas le cas au Canada durant la guerre.

Au début de 1944, Edith Vollrath, alors âgée de 18 ans, a commencé à travailler chez Aircraft Repair Limited à Edmonton, en Alberta. Près d'un an plus tard, elle a été mutée à la Defence Industries Limited à Ajax, en Ontario. Elle figure parmi les 300 000 Canadiennes qui ont travaillé à la production de guerre durant la Seconde Guerre mondiale.

Après la guerre, Edith est rentrée en Alberta, s'est mariée et a élevé sept enfants.

Edith Vollrath en pause à la Defence Industries Limited, à Ajax, en Ontario, en 1945.

Le nombre de femmes travaillant à l'extérieur du foyer a doublé durant la guerre, passant de 600 000 à 1 200 000. Cette sculpture représente une ouvrière en temps de guerre – une « ouvrière aux munitions », comme Edith.

Dans le cadre de son travail pour la Defence Industries Limited, à Ajax, en Ontario, Edith a manipulé des matières dangereuses utilisées dans la production d'obus d'artillerie. Hospitalisée après avoir été brulée au visage par de la poudre explosive, elle s'est vite rétablie et a repris le travail.

Ouvrière aux munitions

Sculpture d'August Porter Abolit,
réalisée entre 1939 et 1945
Bois

Département de remplissage
des enveloppes de bombe de
la Defence Industries Limited.

La formation d'équipages dans le cadre du Programme d'entrainement aérien du Commonwealth britannique a été l'une des grandes contributions du Canada à l'effort de guerre des Alliés. Au total, 131 500 personnes ont participé à ce programme dans des écoles partout au Canada. Edith a aidé à assurer la sécurité des équipages en formation en vérifiant les aéronefs pour repérer d'éventuels dommages.

Le Canada a également construit des aéronefs. Environ 104 000 hommes et femmes ont travaillé dans l'industrie aéronautique à l'échelle du pays, fabriquant plus de 16 000 avions pour les forces aériennes canadiennes et celles d'autres pays alliés.

Travaux d'entretien au hangar

Peinture de Paraskeva Clark, réalisée en 1945
Huile sur toile

A399

Formation d'équipages au Canada

Capitaine d'aviation George Albert Reynolds (1917-2005)

Situé loin des attaques de l'ennemi et disposant de grands espaces, le Canada constituait un terrain d'entrainement aérien idéal. Cette mission a été remplie avec succès grâce à des instructeurs comme George Reynolds.

George témoignait d'un talent pour l'enseignement, même lorsqu'il était lui-même étudiant. Il incorporait dans ses lettres quasi quotidiennes à sa fiancée, Helen Grant, des calculs et des graphiques pour mieux lui expliquer ses travaux scolaires. Premier de sa promotion, George a formé des membres d'équipage pendant toute la guerre.

Le capitaine d'aviation George Albert Reynolds, en 1943.

La bataille de l'Atlantique

La bataille de l'Atlantique a duré du premier au dernier jour de la Seconde Guerre mondiale, ce qui en fait la bataille continue la plus longue du conflit.

La Marine royale du Canada avait pour rôle de protéger les navires marchands civils vulnérables. Conduits par du personnel de la marine marchande, ces bâtiments étaient fréquemment la cible des U-boot, les sous-marins allemands qui cherchaient à couper les ravitaillements en provenance de l'Amérique du Nord.

Le recours aux convois de protection, l'élaboration de nouvelles tactiques, le perfectionnement de la technologie radar et des renforts aériens avaient infligé de lourdes pertes aux U-boot en mai 1943. La plupart se sont repliés vers l'Europe, mais ils ont continué d'attaquer les navires marchands et les bâtiments de guerre. Les pertes humaines sont demeurées élevées jusqu'à la fin de la guerre.

02

Convoi attaqué - Atlantique Nord

Peinture de Tom Wood, réalisée entre 1939 et 1945
Huile sur toile

Une mer agitée

Ce drapeau abimé évoque les eaux houleuses de l'Atlantique Nord. Il flottait au mât du NCSM *Arrowhead*, une corvette canadienne qui protégeait les navires marchands durant la traversée de l'océan.

Récits maritimes

Matelot de 2e classe George William Boyer (1922-1979)

Matelot de 2e classe George Boyer pendant la Seconde Guerre mondiale.

Même loin de sa Saskatchewan natale, George Boyer a conservé des liens étroits avec sa famille, dont il était le cadet. Ce matelot, dont la généalogie remonte jusqu'au chef métis Louis Riel, passait ses temps libres à écrire à sa mère et à ses 12 frères et sœurs.

George a servi à bord de plusieurs vaisseaux responsable de la protection des navires marchands contre les attaques des Uboot allemands dans l'Atlantique.

Il s'agissait de la tâche principale de la Marine royale du Canada. L'invasion de l'Europe ni aucune autre campagne d'envergure n'auraient été possibles sans les fournitures militaires en provenance de l'Amérique du Nord.

Durant l'été 1944, George servait sur le NSM *Nabob*, un porte-avions d'escorte de classe Ruler doté d'un équipage canadien. Le navire prenait part à une opération visant à couler le *Tirpitz*, un redoutable navire de guerre allemand stationné au large de la côte de la Norvège, alors occupée par l'ennemi.

Le 22 aout 1944, à 17 h 16, le *Nabob* se préparait à approvisionner en carburant un navire d'escorte quand il a été frappé par le sous-marin allemand *U 354*. Une torpille a percé un trou de 10 mètres dans sa coque d'acier.

George faisait partie de l'équipage réduit qui a mené le NSM *Nabob*, lourdement endommagé, vers Scapa Flow, en Écosse. Le voyage de cinq jours a été très risqué.

Ensemble de médailles du matelot de 2e classe George William Boyer

1. Étoile de 1939-1945
2. Étoile de l'Atlantique
3. Médaille canadienne du volontaire avec barrette
4. Médaille de la guerre de 1939-1945

THE 1939-1945 STAR
GRI VI
THE ATLANTIC STAR
GRI VI
1939 CANADA 1945
VOLUNTARY SERVICE VOLONTAIRE

1. 2. 3. 4.

Vingt-et-un membres de l'équipage ont perdu la vie durant le torpillage du NSM *Nabob*, le 22 aout 1944, notamment le matelot de 2e classe David « Dave » Melrose, ami proche de George.

Voici ce que George a écrit à sa mère au sujet de cette perte :

« J'ai perdu mon ami Dave... Nous étions comme des frères, Dave et moi. Tu peux donc imaginer à quel point ça a été difficile quand il nous a quittés. C'est comme ça : je lui parlais, et la minute d'après, il n'était plus là. »

Conscient de la censure, George a écrit une lettre délibérément vague, sans donner de détails sur la façon dont Dave avait péri. Le torpillage du *Nabob* ne sera rapporté qu'en juillet 1945 dans les journaux canadiens.

Lettre de Georges Boyer à sa mère, Mary Rosalie Boyer, datée du 8 septembre 1944.

Sept. 8.

Dear Mom.

Its been ages since I've written to you. I hope this letter reaches you okay and soon. I meant to send you a cablegram but I haven't been up town for months so was unable to.

I am very well. But as you notice I have a change of address, which means to say I hope to be sent home soon. I am in a sort of rest camp at the present time. Now don't go getting ideas as I am in perfect health. Nothing the matter with me at all.

I lost Dave my pal. I guess you understand what I mean, that's the way it goes Mom so I suppose some of us were just luckier than the others. Dave was a grand guy, perhaps I have written about him before, we were just like brothers Dave and I. So you can see how darned hard it was when he left us. That's the way it is, one minute talking to him the next minute he's gone. I cannot tell you any more on account of censorship, but I guess you can understand.

Its all very quiet out here and very comfortable they treat us okay I hope it lasts for some time until we leave this country which shouldn't be too long.

Cannot say goodnight, please don't worry as all action is over for me for some time.

I hope to be seeing you soon so. Cheerio! keep your chin up. Goodnite Mom

My Love.

George.

Un marin adolescent

Matelot de 1re classe Keith Edward Jones (1924-2018)

Lors de sa première traversée de l'Atlantique, le matelot Keith Jones, âgé de 17 ans, faisait partie d'un convoi qui a perdu 17 navires, torpillés par les U-boot allemands. Pour Keith, ce n'était que le début des dangers qu'il allait connaitre.

Le navire de guerre à bord duquel se trouvait Keith a participé à l'action du jour J, le 6 juin 1944, pour soutenir l'invasion de la Normandie par les Alliés. Ce jour-là, il a écrit dans son journal : « On ne peut pas voir la terre parmi les flammes et la fumée. On dirait un orage… Les bombardiers allemands viennent d'attaquer, personne n'a été touché. »

Le matelot de 1re classe Keith Jones à bord d'un navire pendant la Seconde Guerre mondiale.

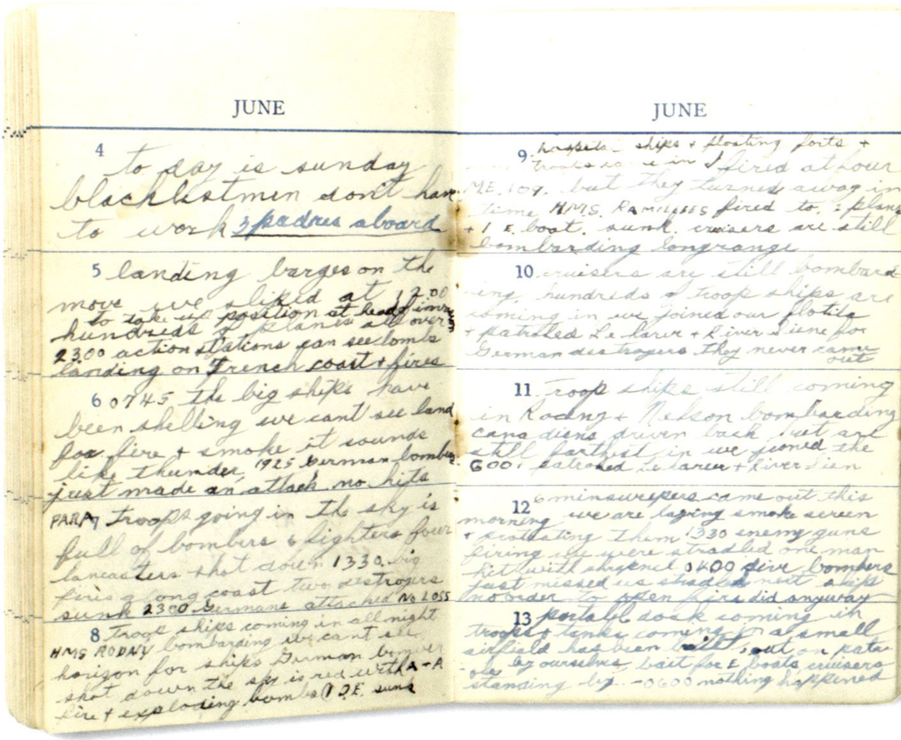

JUNE

4 to day is sunday blacklistmen don't have to work 3 padres aboard

5 landing barges on the move we slipped at 12.00 to take up position at head of invasion hundreds of planes all over 2300 action stations can see bombs landing on French coast + fires

6 0745 the big ships have been shelling we can't see land for fire + smoke it sounds like thunder, 1925 German bomber just made an attack no hits

7 PARA troops going in The sky is full of bombers + fighters four lancasters shot down 1330 big fires along coast two destroyers sunk 2300 Germans attacked NO LOSS

8 Troop ships coming in all night HMS RODNEY bombarding we can't see horizon for ships German bomber shot down the sky is red with A-A fire + exploding bombs 1 D.E. sunk

JUNE

9 hospital ships + floating forts + troops came in I fired at four ME. 109. but they turned away in time HMS. RAMILLIES fired to. 2 planes + 1 E. boat. sunk. cruisers are still bombarding longrange

10 cruisers are still bombarding, hundreds of troop ships are coming in we joined our flotila + patrolled Le Havre + River Seine for German destroyers they never came out

11 Troop ships still coming in Rodney + Nelson bombarding canadiens driven back but are still farthest in we joined the 6001 patrolled Le Havre + River Sien

12 6 minesweepers came out this morning we are laying smoke screen + protecting them 1330 enemy guns firing we were stradled one man hit with shrapnel 1400 dive bombers just missed us stradled next ships no order to open fire did anyway

13 portable dock coming in troops + tanks coming in a small airfield has been built, out on patrole by ourselves bait for E boats cruisers standing by -0600 nothing happened

Mari et femme

Robert « Bob » Bush (1919-2003)
Evangeline (Harrold) Bush (1919-1999)

En tant que membre de la marine marchande britannique (1936-1941) et de la marine marchande canadienne (1941-1945), Bob Bush a connu plus que sa part de dangers. À diverses occasions, les navires à bord desquels il se trouvait ont été torpillés, bombardés, mitraillés et touchés par des obus.

Le séjour d'Evangeline Harrold dans le Service féminin de la Marine royale du Canada a été moins périlleux, mais tout de même mouvementé. Affectée à une chambre des cartes à Halifax, en Nouvelle-Écosse, elle étudiait les rapports des services de renseignements et suivait le mouvement des vaisseaux alliés et des sous-marins allemands.

Coiffures réglementaires de Robert Bush et d'Evangeline Harrold

Le couple s'est rencontré à Halifax et s'est marié peu après.

Evangeline (Harrold) Bush et
Bob Bush, en 1944 ou en 1945.

Des militaires du Canada en Sicile et en Italie

Les forces navales, aériennes et terrestres canadiennes ont joué un rôle déterminant dans les batailles contre les troupes italiennes et allemandes en Sicile et en Italie.

En 1943, après la défaite des forces de l'Axe en Afrique du Nord, en mai, les Alliés ont poussé vers le nord, de l'autre côté de la Méditerranée, pour envahir la Sicile le 10 juillet et l'Italie le 3 septembre.

Après une série de victoires importantes contre un ennemi déterminé dans le cadre de cette campagne terrestre de la guerre en Sicile et en Italie, les troupes canadiennes ont mérité une réputation de militaires efficaces.

03

Le soldat M. D. White, du Loyal Edmonton Regiment, à l'affut depuis une position défensive à Colle d'Anchise, en Italie, le 26 octobre 1943.

Un leadeur au combat

Major Alexander « Alex » Railton Campbell (1910-1943)

Pour Alex Campbell, la guerre contre l'Allemagne avait pris une tournure résolument personnelle. Il voyait dans ce nouveau conflit l'occasion de faire la fierté de sa famille et de venger son père, tué au cours de la Première Guerre mondiale.

Cet officier du Hastings and Prince Edward Regiment a été une source d'inspiration pour les hommes qu'il a dirigés et pour ses camarades officiers. L'un d'eux l'a décrit comme un combattant formidable et un penseur profond.

Le major Alex Campbell, en 1940.

BLANK & STOLLER, LTD.

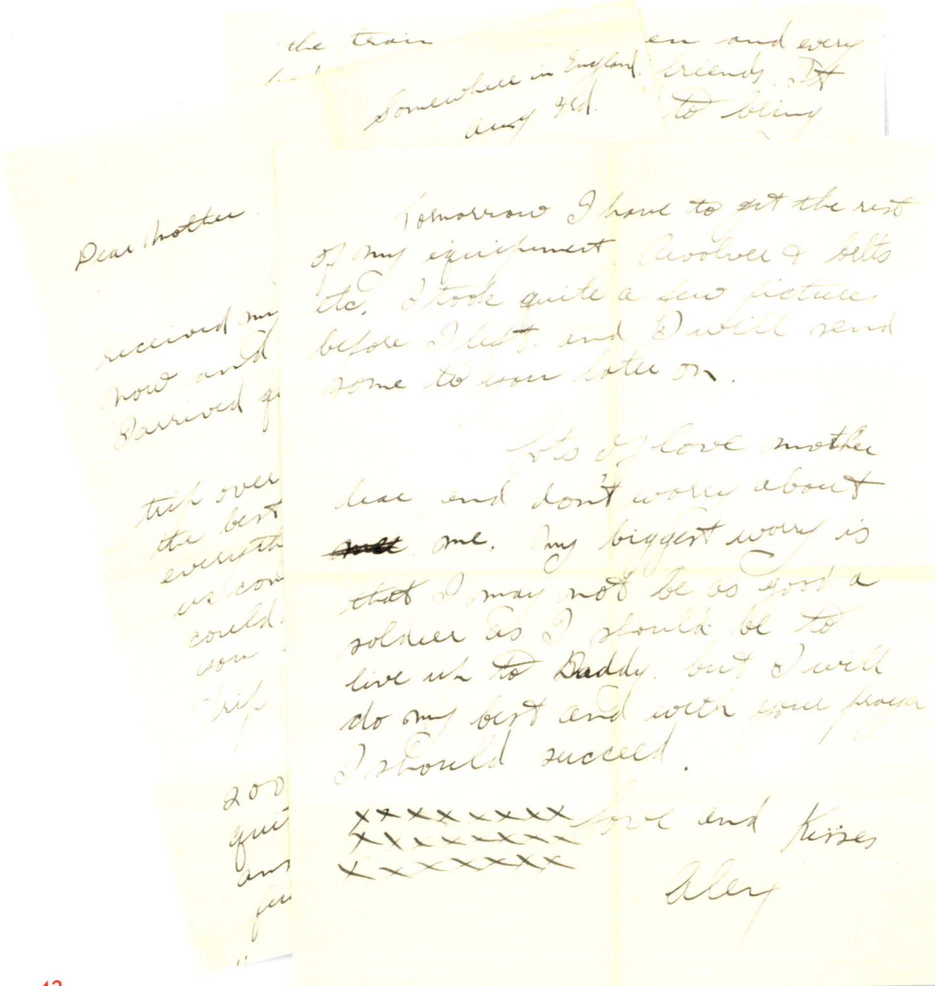
Somewhere in England
Aug 3rd.

Dear Mother

Tomorrow I have to get the rest of my equipment. Revolver & belts etc. I took quite a few pictures before I left. and I will send some to you later on.

Lots of love mother dear and don't worry about ~~sult~~ me. My biggest worry is that I may not be as good a soldier as I should be to live up to Daddy. but I will do my best and with your prayer I should succeed.

XXXXXXXXX
XXXXXXXXX
XXXXXXXX
Love and Kisses
Alex

Lorsqu'Alex s'est engagé, il a ressenti la pression de suivre les traces de son père militaire. Il a avoué à sa mère : « Ma plus grande inquiétude, c'est de ne pas être digne de papa. »

Alex a su relever le défi. Comme son père avant lui, il a été cité dans des dépêches en reconnaissance de son service extraordinaire.

Lettre d'Alex Campbell à sa mère, Sarah Jane Campbell, datée du 3 aout 1940.

Le 18 juillet 1943, pendant la bataille de Valguarnera, en Sicile, Alex a dirigé une attaque contre un convoi de camions allemands. L'un des hommes sous son commandement ce jour-là était Farley Mowat, qui allait devenir un auteur de renom.

Plus tard, Mowat fera la description suivante de l'attaque : « Le crépitement et le rugissement des armes légères et des grenades sont montés en crescendo... et la section de route en contrebas s'est transformée en abattoir. »

Environ 90 Allemands ont été tués. Alex, pour reprendre ses propres mots, « en a tué 18 ».

Ensemble de médailles du major Alexander Railton Campbell

1. Étoile de 1939-1945
2. Étoile d'Afrique avec barrette : Afrique du Nord 1942-1943
3. Étoile d'Italie
4. Médaille de la Défense
5. Médaille canadienne du volontaire avec barrette pour service outremer
6. Médaille de la guerre de 1939-1945 avec feuille de chêne

1.

2.

GRI
VI
THE
ITALY
STAR

3.

4.

CANADA
SERVICE

5.

GEORGIVS VI G:BR:OMN:REX ET INDIAE IMP:

6.

Alex était réputé pour sa ténacité. Pendant son service en Sicile, en aout 1943, il a été touché au bras. Quelques semaines plus tard, en Italie, il a de nouveau été blessé, cette fois à la tête. Aucune de ces blessures ne l'a arrêté.

Sa mort au combat, le 25 décembre 1943, a été un choc pour toutes les personnes qui le connaissaient. Même les militaires parmi les plus efficaces n'étaient pas invulnérables.

Avant sa dernière bataille, Alex a écrit ce poème poignant sur le stress et les tensions du commandement.

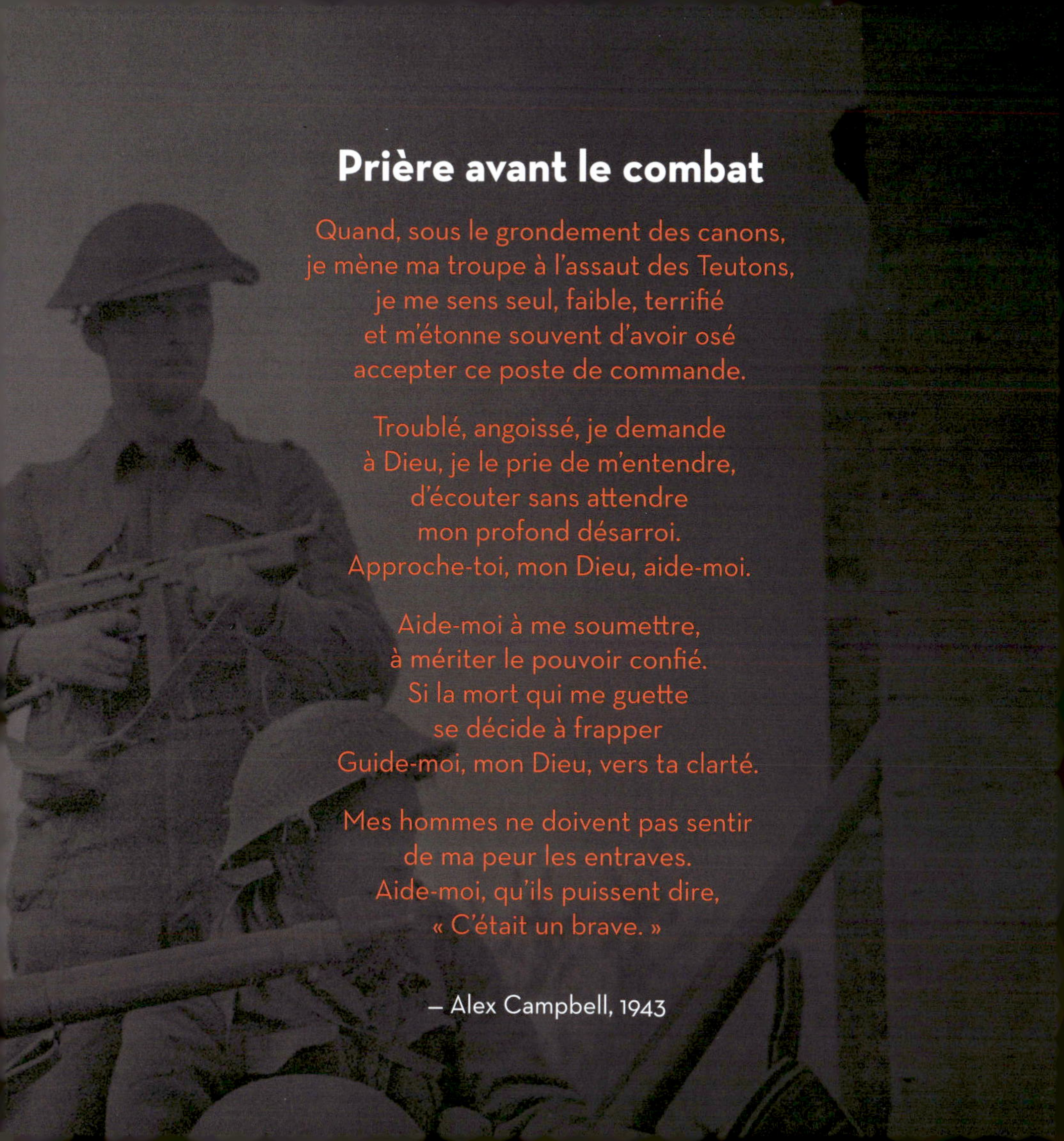

Prière avant le combat

Quand, sous le grondement des canons,
je mène ma troupe à l'assaut des Teutons,
je me sens seul, faible, terrifié
et m'étonne souvent d'avoir osé
accepter ce poste de commande.

Troublé, angoissé, je demande
à Dieu, je le prie de m'entendre,
d'écouter sans attendre
mon profond désarroi.
Approche-toi, mon Dieu, aide-moi.

Aide-moi à me soumettre,
à mériter le pouvoir confié.
Si la mort qui me guette
se décide à frapper
Guide-moi, mon Dieu, vers ta clarté.

Mes hommes ne doivent pas sentir
de ma peur les entraves.
Aide-moi, qu'ils puissent dire,
« C'était un brave. »

— Alex Campbell, 1943

Mariage du cavalier
Gordon Fennell et de
Joyce Fennell, le 15 mai 1945.

Sauvé par ses chaussures

Cavalier Gordon Fennell (1922-)

La mère de Gordon Fennell lui avait envoyé du Canada des chaussures pour son mariage avec sa bienaimée britannique, Joyce. Gordon gardait ses chaussures en lieu sûr, dans son char d'assaut.

Le 4 octobre 1943, le char a explosé en Italie. Gordon s'en est tiré avec des blessures légères, en partie grâce aux chaussures, touchées par des éclats d'obus qui, autrement, auraient pu le tuer.

Lors de son mariage avec Joyce, en mai 1945, Gordon ne portait pas ses chaussures endommagées au combat. Il les a toutefois conservées pendant plus de 70 ans.

Rupture de la ligne Hitler

En Italie, le 24 mai 1944, les Alliés ont enfoncé la position défensive centrale des forces allemandes, connue sous le nom de « ligne Hitler ». Le peintre canadien Charles Comfort, qui a vu de près la dévastation laissée dans le sillage de la bataille, a illustré les troupes canadiennes en train de se frayer un chemin.

La Ligne Hitler

Peinture de Charles Comfort, réalisée en 1944
Huile sur toile

Servir avec distinction

Lieutenant-Colonel John Keefer Mahony, C.V., C.D. (1911-1990)

John Mahony s'est vu décerner la Croix de Victoria, distinction suprême du Commonwealth récompensant les actes de bravoure, pour ses actions du 24 mai 1944.

Ayant pour mission d'installer une tête de pont cruciale sur la rivière Melfa, en Italie, sa compagnie du Westminster Regiment a tenu le terrain pendant cinq heures, malgré une attaque ennemie soutenue.

La citation de la Croix de Victoria remise à Mahony souligne qu'il a servi « avec une intrépidité absolue et au mépris de sa propre sécurité. »

Ensemble de médailles du lieutenant-colonel John Keefer Mahony

1. Croix de Victoria
2. Étoile de 1939-1945
3. Étoile d'Italie
4. Médaille de la Défense
5. Médaille canadienne du volontaire avec barrette
6. Médaille de la guerre de 1939-1945
7. Médaille du couronnement de la reine Elizabeth II, 1953
8. Médaille du centenaire du Canada, 1967
9. Médaille du jubilé d'argent de la reine Elizabeth II, 1977
10. Médaille d'efficacité du Canada
11. Décoration des Forces canadiennes

1. 2. 3. 4. 5. 6. 7. 8. 9. 10. 11.

Des militaires du Canada dans le nord-ouest de l'Europe

Loin au-dessus du champ de bataille, les escadrons de chasseurs et de bombardiers canadiens ont causé des ravages dans les formations ennemies. En mer, la Marine royale du Canada, l'Aviation royale du Canada et la Marine marchande ont transporté des fournitures essentielles de part et d'autre de l'Atlantique. En Italie, près de 100 000 militaires du Canada ont forcé leur avancée vers le nord.

Au même moment, tous les yeux étaient tournés vers les militaires du Canada dans le nord-ouest de l'Europe, qui ont poursuivi leur avancée terrestre durant les 11 mois après le jour J, ponctués de batailles difficiles contre les forces allemandes en France, en Belgique, aux Pays-Bas et en Allemagne.

La victoire a finalement été acquise, mais à un prix terriblement élevé.

04

Opération de blindés en France,
le 14 aout 1944.

Un rappel du pays

Pendant son service en Europe, le commandant Malcolm Ferguson, du 419e escadron de l'Aviation royale du Canada, a demandé que l'avant du fuselage de son bombardier Lancaster Mark X soit décoré d'un portrait de sa fillette, Christine.

Ce type d'art personnalisé, connu sous le nom de « *nose art* » (littéralement « art sur le nez des avions »), liait personnellement les membres d'équipage à leur appareil.

La libération du nord-ouest de l'Europe

Après des années de planification, les Alliés ont envahi la Normandie, en France, le 6 juin 1944. Cette opération a été un moment décisif de la guerre.

Les défenses allemandes étaient lourdement fortifiées. Les stratèges du camp des Alliés avaient de bonnes raisons de craindre que la force d'invasion soit anéantie sur les plages.

Cela ne s'est pas produit. Grâce au soutien de milliers d'aéronefs et de navires de guerre, les Alliés ont réussi à atteindre la côte.

Au cours des 11 semaines suivantes, les forces alliées, dont les troupes canadiennes, ont vaincu les forces allemandes au combat, libérant la Normandie.

Le casque Mk III a été distribué aux militaires britanniques et du Canada pour le jour J. Devenu un symbole de cette journée, il représente la ténacité des troupes qui y ont participé.

Préparer le terrain

Major Gustave Daniel Alfred « Guy » Biéler, D.S.O., M.B.E. (1904-1944)

Ayant vécu en France jusqu'à l'âge de 20 ans, le major Guy Biéler, résident de Montréal, connaissait la culture, la langue et la géographie françaises. Il a mis à profit son savoir durant la guerre. Pendant 15 mois, il a travaillé comme agent du Special Operations Executive (SOE) en France.

Guy a organisé des missions de sabotage et a assuré la liaison entre la Résistance française et les Alliés durant la préparation de l'invasion de la France par les forces alliées. Capturé le 13 janvier 1944, il a été tué par un peloton d'exécution en septembre de la même année.

Après la mort de Guy, un officier supérieur du SOE a déclaré que « [Guy] et les braves hommes qui travaillaient à ses côtés ont réellement préparé le terrain pour le débarquement réussi de juin 1944. »

Guy Biéler avec l'un de ses enfants à Montréal, avant la guerre.

La fausse carte d'identité de Guy Biéler, utilisée sur le terrain.

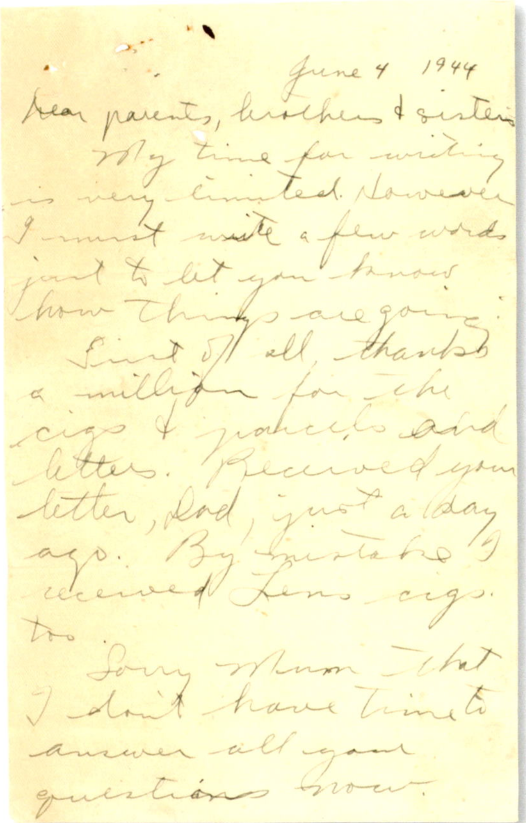

June 4 1944
Dear parents, brothers & sisters
My time for writing
is very limited. However
I must write a few words
just to let you know
how things are going.
First of all, thanks
a million for the
cigs & parcels and
letters. Received your
letter, Dad, just a day
ago. By mistake I
received Len's cigs.
too.
Sorry Mum that
I don't have time to
answer all your
questions now.

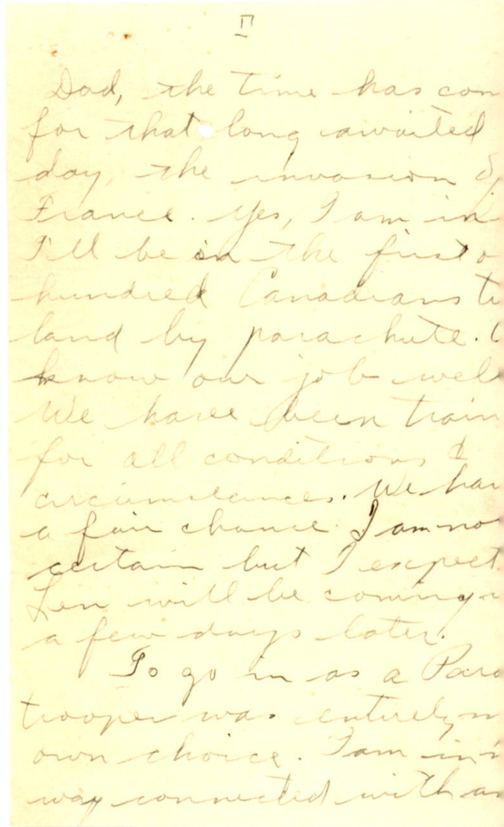

II
Dad, the time has com
for that long awaited
day, the invasion o
France. Yes, I am in
I'll be in the first o
hundred Canadians t
land by parachute.
know our job well
We have been train
for all conditions &
circumstances. We hav
a fair chance. I am no
certain but I expect
Len will be coming
a few days later.
To go in as a Para
trooper was entirely m
own choice. I am in
way connected with an

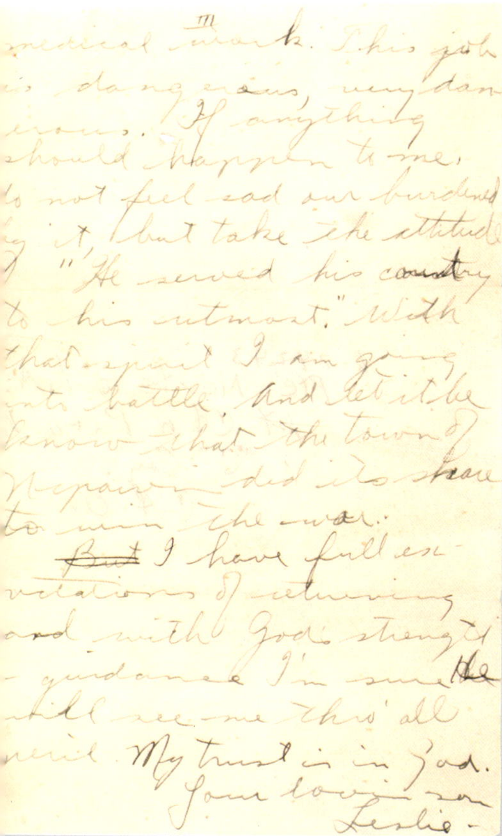

medical work. This job is dangerous, very dangerous. If anything should happen to me, do not feel sad or burdened by it, but take the attitude of "He served his country to his utmost." With that spirit I am going into battle. And let it be known that the town of Nepawa did its share to win the war.

~~But~~ I have full expectations of returning and with God's strength & guidance I'm sure He will see me thro' all peril. My trust is in God.

Your loving son
Leslie -

Un parachutiste du jour J

Soldat Leslie Abram Neufeld (1922-1944)

Leslie Neufeld, un mennonite, était déchiré entre son éducation pacifiste et le désir de servir son pays. Il s'est d'abord engagé dans le Corps de santé royal canadien, mais s'est plus tard porté volontaire comme parachutiste afin de combattre les troupes allemandes durant l'invasion à venir de l'Europe.

Leslie a écrit une lettre à sa famille la veille de son parachutage en Normandie : « Mon travail est dangereux, même très dangereux. S'il m'arrive quoi que ce soit, ne soyez pas tristes et ne vous en laissez pas affecter. »

Leslie était au nombre des 359 militaires du Canada qui ont perdu la vie le jour J.

Lettre de Leslie Neufeld à ses parents, Henry et Anna, ainsi qu'à ses frères et ses sœurs, Richard, Leonard, Leonora, Arthur, Edward, Elvina, Verna et Donelda, datée du 4 juin 1944.

Le soldat Arthur Wilkinson est tombé au combat le 18 juillet 1944, durant la campagne de Normandie. Il avait 24 ans.

Sa mère, Alta, a été anéantie par sa perte. Après la mort d'Arthur, elle a réuni des lettres, des télégrammes, des reliques et des photos témoignant de son service durant la guerre. Elle a laborieusement créé, pour son fils, un hommage documentaire en trois volumes.

Le soldat Arthur Wilkinson et sa mère, Alta Wilkinson, le 7 décembre 1939.

Les albums d'Alta Wilkinson contiennent le télégramme annonçant la mort d'Arthur, des messages de condoléances du ministre de la Défense et du roi George VI, et une photo de la stèle funéraire de son fils.

Documenter la guerre

Sergeant Hugh McCaughey (1906-1973)

Hugh McCaughey a passé deux ans à filmer les troupes canadiennes en Europe.

Il a suivi l'armée en France, aux Pays-Bas et en Allemagne pour filmer les combats, les moments heureux et les activités quotidiennes des militaires.

Hugh s'est donné beaucoup de mal pour que ses films soient clairs et percutants. Filmer sur la ligne de front, sous la menace constante des tirs et des obus ennemis, n'était jamais une mince affaire. Il suffisait d'une main tremblante, d'une lumière insuffisante et d'un équipement fragile pour rendre une séquence inutilisable.

Ayant fait ses preuves sur les champs de bataille d'Europe, Hugh nourrissait de grands espoirs de poursuivre une carrière dans l'industrie du cinéma après la guerre. Il est finalement retourné à Vancouver, en Colombie-Britannique, où il a travaillé comme vendeur d'appareils photographiques.

Les séquences tournées par Hugh et d'autres vidéastes de guerre du Canada ont contribué à mieux faire comprendre aux générations suivantes ce qu'a été l'expérience de la Seconde Guerre mondiale pour le pays.

Le sergent Hugh McCaughey aux Pays-Bas, le 30 janvier 1945.

CINÉ-KODAK
EIGHT
MODEL 25
MADE IN U.S.A. BY
EASTMAN KODAK
COMPANY
ROCHESTER, N.Y.

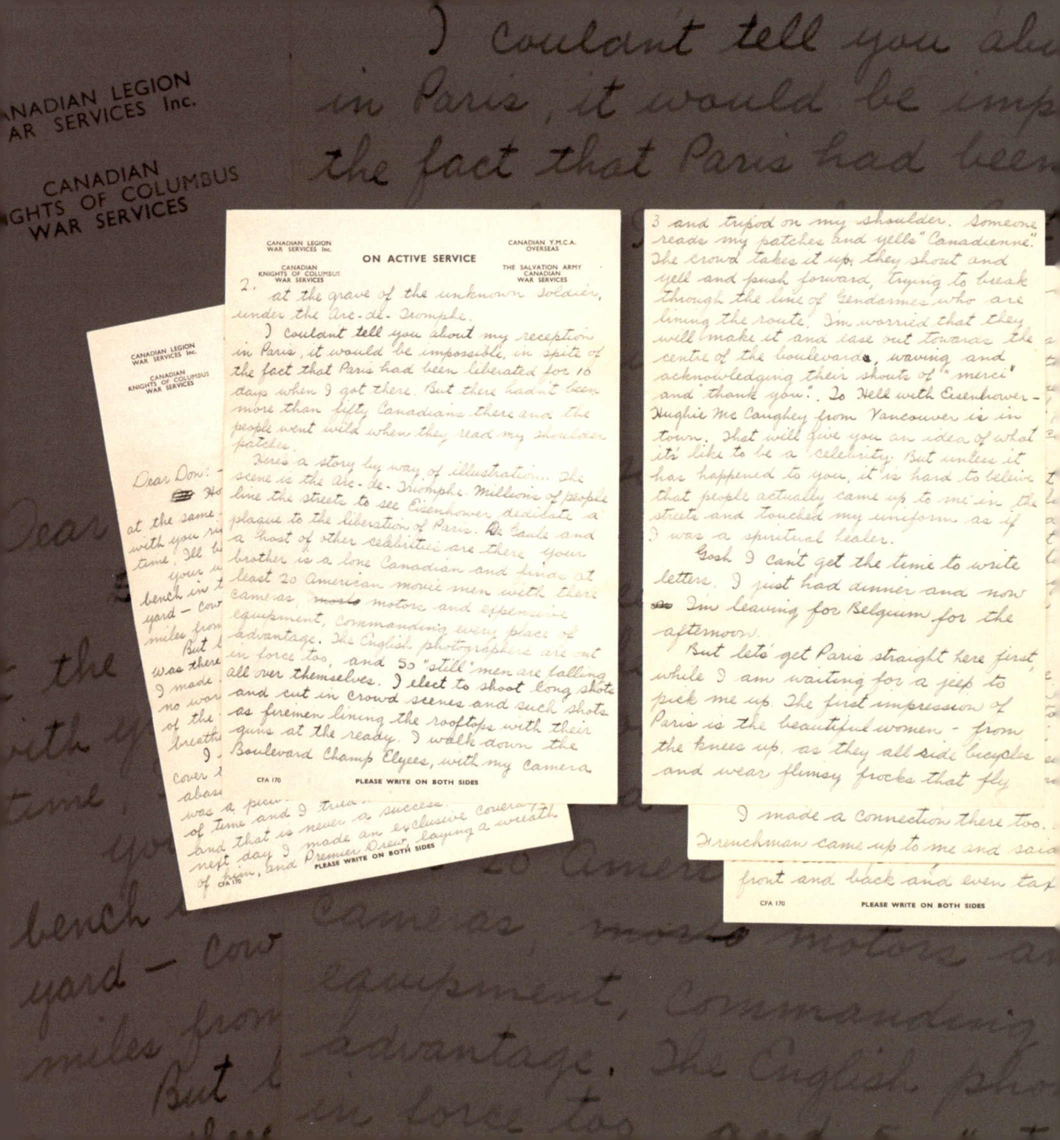

CANADIAN LEGION WAR SERVICES Inc. — ON ACTIVE SERVICE — CANADIAN Y.M.C.A. OVERSEAS

CANADIAN KNIGHTS OF COLUMBUS WAR SERVICES — THE SALVATION ARMY CANADIAN WAR SERVICES

2\. at the grave of the unknown soldier, under the Arc-de-Triomphe.

I couldn't tell you about my reception in Paris, it would be impossible, in spite of the fact that Paris had been liberated for 10 days when I got there. But there hadn't been more than fifty Canadians there and the people went wild when they read my shoulder patches.

Here's a story by way of illustration.. The scene is the Arc-de-Triomphe. Millions of people line the streets to see Eisenhower dedicate a plaque to the liberation of Paris. De Gaule and a host of other celebrities are there. Your brother is a lone Canadian and finds at least 20 American movie men with there cameras, motors and expensive equipment, commanding every place of advantage. The English photographers are out in force too, and 50 "still" men are falling all over themselves. I elect to shoot long shots and cut in crowd scenes and such shots as firemen lining the rooftops with their guns at the ready. I walk down the Boulevard Champ Elysees, with my camera

CFA 170 — PLEASE WRITE ON BOTH SIDES

3 and tripod on my shoulder. Someone reads my patches and yells "Canadienne". The crowd takes it up, they shout and yell and push forward, trying to break through the line of Gendarmes who are lining the route. I'm worried that they will make it and ease out towards the centre of the boulevard, waving and acknowledging their shouts of "merci" and "thank you". To Hell with Eisenhower — Hughie McCaughey from Vancouver is in town. That will give you an idea of what it's like to be a celebrity. But unless it has happened to you, it is hard to believe that people actually came up to me in the streets and touched my uniform as if I was a spiritual healer.

Gosh I can't get the time to write letters. I just had dinner and now I'm leaving for Belgium for the afternoon.

But let's get Paris straight here first, while I am waiting for a jeep to pick me up. The first impression of Paris is the beautiful women — from the knees up, as they all ride bicycles and wear flimsy frocks that fly

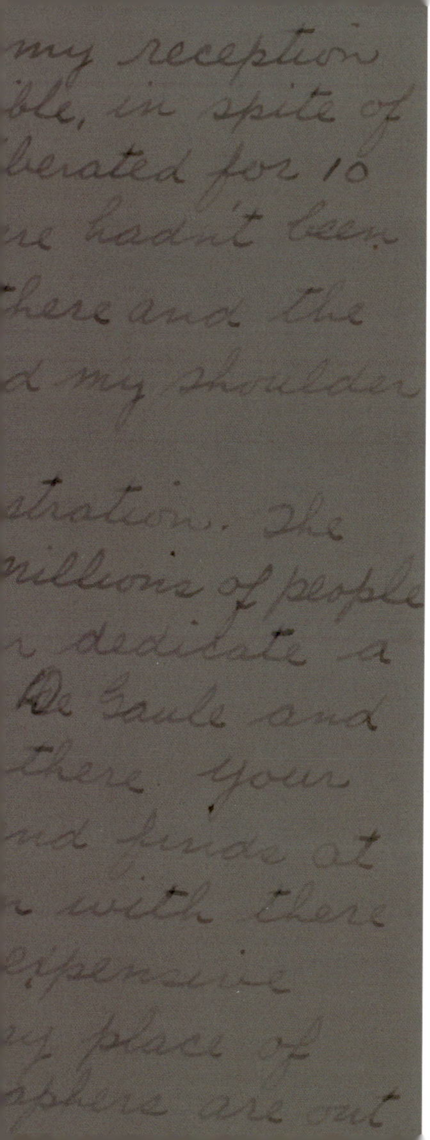
my reception
ble, in spite of
berated for 10
e hadn't been
here and the
d my shoulder
stration. The
nillions of people
r dedicate a
De Gaule and
there. your
nd finds at
n with there
expensive
y place of
phere are out

Hugh était parmi les troupes canadiennes qui se sont avancées dans le nord-ouest de l'Europe, en 1944 et en 1945, afin d'enregistrer leurs actions. Il a également réalisé des prises de vue de populations libérées.

Son frère Don s'est régalé de son récit d'un tournage dans la ville de Paris libérée depuis peu : « Quelqu'un, lisant mes écussons, s'est écrié "Canadien". La foule a repris le mot en criant et en hurlant même, puis les gens poussaient vers l'avant, essayant de traverser les lignes de gendarmes bordant la voie... Au diable Eisenhower, Hughie McCaughey de Vancouver est en ville! »

Lettre du sergent Hugh McCaughey à son frère Don McCaughey, datée du 10 septembre 1944.

Une photo célèbre

Soldate Mary (Greyeyes) Reid (1920-2011)

Le Canada a travaillé fort pour que ses forces armées se distinguent des forces britanniques et américaines. Cela a notamment passé par la création d'unités et de symboles. Ces efforts ont généré de la fierté autour du service et du sacrifice de militaires du Canada.

Lorsque Mary Greyeyes s'est enrôlée dans le Service féminin de l'Armée canadienne, elle cherchait des possibilités autres que celles qui existaient dans la réserve de Maskêko-Sâkahikanihk (Nation crie de Muskeg Lake). Elle n'avait jamais imaginé que sa photo ferait le tour du monde.

En juin 1942, on a demandé à Mary de figurer sur une photo publicitaire en échange d'un déjeuner et d'un uniforme neuf. Harry Ball, ancien combattant autochtone de la Première Guerre mondiale, a reçu 20 $ pour faire de même. Mary s'est agenouillée devant lui, le photographe a saisi la scène, et l'image est entrée dans notre histoire.

La photo a paru dans les journaux partout au Canada et en Grande-Bretagne. Pendant des décennies, elle a porté cette légende : « Une princesse indienne non identifiée recevant la bénédiction de son chef et père pour aller combattre à la guerre. »

En fait, le terme « princesse » était un concept européen souvent utilisé à tort pour désigner de jeunes femmes autochtones. Harry n'était ni chef ni le père de Mary, et la scène n'était qu'une imitation de cérémonie pour les besoins de la photo.

La soldate Mary Greyeyes, de Maskêko-Sâkahikanihk (Nation crie de Muskeg Lake), membre du Service féminin de l'Armée canadienne, avec Harry Ball, de la Première Nation Piapot.

La fin de la guerre en Europe

Les forces canadiennes en Europe ont combattu presque sans arrêt de l'invasion du jour J, le 6 juin 1944, jusqu'à la victoire en Europe, le 8 mai 1945.

La tragédie et le traumatisme de la guerre en Europe n'ont cependant pas pris fin avec la reddition de l'Allemagne, en mai 1945. Il a fallu soigner les militaires et les gens malades. De plus, des centaines de milliers de militaires du Canada ont pu retourner au pays, leur service n'étant plus requis.

05

La soldate Jane Shaddock, le soldat Martin MacPherson et la soldate Polly Pollyblank entrent dans Hamm, en Allemagne, le 12 juin 1945.

« V » pour victoire

Ce drapeau a été remis le jour de la Victoire en Europe à Richard Thorman, âgé de 16 ans. Vêtu de son uniforme de cadet de l'air, Richard s'est rendu à pied à l'école, à Scarborough, en Ontario, dans l'espoir de célébrer avec ses camarades. Il n'a trouvé personne, il avait raté la fête. Il a toutefois conservé ce drapeau en souvenir de cette journée importante.

RICHARD IORWETH THORMAN

La lieutenante (infirmière militaire) Winnie Burwash pendant la Seconde Guerre mondiale.

Après les combats

Infirmière militaire Winnifred « Winnie » Burwash (1910-1987)

« Il n'est pas nécessaire d'être au front pour voir la tragédie », a écrit Winnie Burwash à ses proches à Montréal, au Québec, en avril 1944. Stationnée dans un hôpital du Sud de l'Angleterre, elle continuait de soigner des militaires du Canada qui s'y trouvaient pour récupérer de leurs blessures. Elle a par la suite été affectée sur le continent, où elle est arrivée après le jour de la Victoire, pour travailler dans des hôpitaux en Allemagne et aux Pays-Bas.

Winnie est rentrée au Canada le 2 février 1946. Malgré un retour au pays tant attendu, de nombreux militaires ont souffert de maux physiques et de problèmes de santé mentale. Selon sa famille, Winnie était dépressive. On ignore toutefois si son service en temps de guerre a aggravé son état. Winnie s'est suicidée en 1987.

En juin 1945, Winnie est arrivée en Allemagne. Elle a observé la dévastation partout, pendant que les derniers vestiges de l'Allemagne nazie étaient détruits et que la reconstruction commençait.

Là-bas, elle a soigné des personnes gravement malades, rescapées des camps de concentration et de travail après des années de mauvais traitements infligés par l'Allemagne. Leurs geôliers avaient délibérément créé des conditions favorisant l'apparition de maladies mortelles qui ont emporté des dizaines de milliers de personnes. Les cadavres s'entassaient dans des tombes à ciel ouvert. Les gens étaient malades et affamés.

Ces horreurs ont fortement marqué les Canadiennes et les Canadiens qui en ont été témoins.

L'aumônier militaire canadien J. Alphonse Marcoux a récupéré la tête d'une statue démolie, qui représentait le dictateur allemand Adolphe Hitler. Il l'a gardée comme souvenir.

Malnutrition au camp de concentration de Belsen

Dessin d'Aba Bayefsky, réalisé en 1945
Fusain et crayon Conté sur papier

« Mon rythme de vie ici n'est pas aussi stable qu'en Angleterre, écrivait Winnie depuis son affectation aux Pays-Bas. Il est difficile de dormir suffisamment entre le travail et les fêtes. »

Si Winnie travaillait dur pour s'occuper des malades, ses lettres décrivaient souvent des fêtes bien arrosées et des rencontres avec des hommes. Winnie n'était pas la seule à profiter de certains aspects de la vie outre-mer en temps de guerre. Bon nombre de militaires et d'individus ont réagi aux épreuves de la guerre en profitant de tous les plaisirs qu'il était possible de trouver. La guerre était dangereuse et angoissante, mais elle a également apporté de nouvelles libertés.

La soldate Virginia Stansell en train de chanter au théâtre Tivoli, à Apeldoorn, pendant un spectacle de l'unité C de l'Armée canadienne

Peinture de Molly Lamb Bobak, réalisée en 1945
Aquarelle, encre et mine de plomb sur papier

Monter un spectacle

Soldate Minnie Eleanor Gray (1912-2005)

Minnie Gray considérait que ses années au sein du Service féminin de l'Armée canadienne avaient été les plus palpitantes de sa vie. De juillet 1945 à février 1946, elle a été accompagnatrice d'un corps féminin de cornemuses stationné à Apeldoorn, aux Pays-Bas.

Minnie a accompagné cet ensemble qui se produisait pour divertir les troupes et la population, et elle y a noué des amitiés pour la vie.

La soldate Minnie Gray pendant la Seconde Guerre mondiale.

Le corps de cornemuses du Service féminin de l'Armée canadienne (SFAC) se produisant devant l'Arc de Triomphe à Paris, en France, le 4 novembre 1945.

Bienvenue à la maison

Soldat Milton Henry DeMeuleneare (1923-2013)

Le retour à la vie civile après plusieurs années dans l'armée pouvait être démoralisant. Le gouvernement du Canada a donc lancé des programmes, encadrés par la Charte des anciens combattants, qui offraient divers avantages aux militaires de retour au pays.

Milton DeMeuleneare a servi dans le Corps royal canadien des ingénieurs électriciens et mécaniciens, qui assurait le bon fonctionnement des véhicules. À la fin de la guerre, il est rentré au Canada et a repris son métier d'outilleur-ajusteur.

Le soldat Milton DeMeuleneare et sa mère, Margaret, à son retour d'Europe, en 1946. On voit à la fenêtre une banderole portant l'inscription « *Welcome Home Son* » (Bienvenue à la maison, mon fils).

WELCOME

Retour à la vie civile

Avant de pouvoir rentrer à la maison, les militaires ont subi des examens médicaux et dentaires complets afin de trouver toute condition qui aurait nécessité un traitement supplémentaire. Des affiches comme celle-ci donnaient des précisions sur les dispositions médicales, éducatives et financières pour les vétéranes et les vétérans.

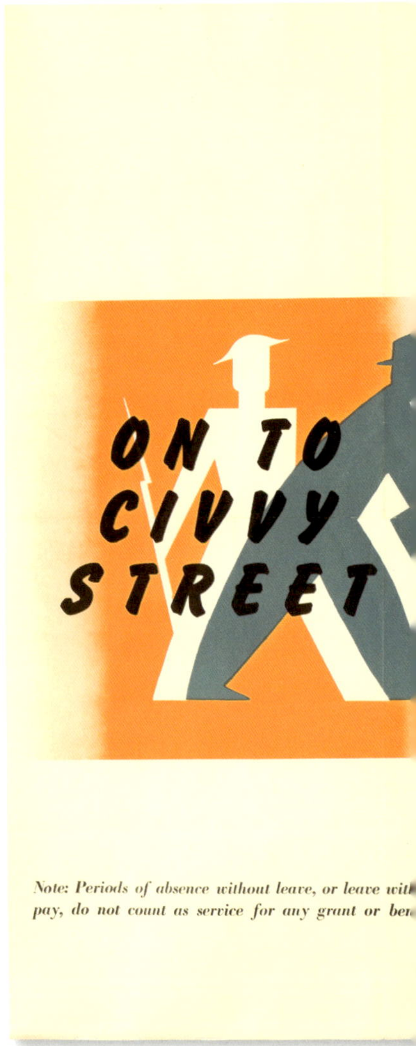

MEDICAL EXAMINATION

To see if you are as fit to do a job as when you joined up, or if not,

(a) what treatment you need
(b) what pension you may qualify for

DENTAL EXAMINATION

You are entitled to treatment after you leave the Service, if:

(a) this exam shows you need it
(b) you apply within 90 days of discharge

DISCHARGE PAPERS

These will normally be given you, after you see the Counsellor at the Depot nearest either:

(a) the place where you enlisted
or (b) the place where you intend to live

CLOTHING ALLOWANCE—$100

For those discharged after July 31, 1944.

REHABILITATION GRANT

If you have served 183 days or more, you are entitled to one month's pay of your rank, plus one month's dependents' allowances, as of the time of discharge.

TRANSPORTATION

You will receive a railway warrant to your place of enlistment; or elsewhere, if cost is not greater.

WAR SERVICE GRATUITY

This is applied for on discharge :

BASIC GRATUITY

$7.50 per month of Volunteer Service in Western Hemisphere.

$15 per month for Service overseas or in the Aleutians.

PLUS

SUPPLEMENTARY GRATUITY

7 days' pay and allowances (as at date of discharge) for each 6 months' Service overseas or in the Aleutians.

TOTAL is paid to you in monthly instalments no one of which is greater than your monthly pay and dependents' and subsistence allowances while you're in the Service.

But you must apply

ALSO

TRAINING PROVISIONS

You are eligible for needed training for civilian life. While training you will be given :

(a) Your fees. (b) Living allowance up to $60 per month for a single man, up to $80 for a man and wife, plus allowance for dependents.

You Can Apply For :

VOCATIONAL TRAINING

Your training will not normally be paid for longer than 12 months (or the length of time you served if less). If you served more than a year your training can be extended if necessary. Many will be trained on the job with wages, if necessary supplemented by a government allowance.

UNIVERSITY EDUCATION

If you qualify for entrance to University within 15 months of discharge, you may receive payments for the time you served as long as your studies are satisfactory. Outstanding students may have allowances extended.

VETERANS' LAND ACT

The Administration can help you to finance land, buildings, stock and equipment worth up to $6000.

The maximum amount for live stock and farm equipment is $1200. You pay: (a) a down payment of 10% of cost of land and buildings; plus (b) two-thirds of cost of land and buildings in instalments which may last up to 25 years. Interest is at 3½%. If you keep up your instalments for 10 years you get: (a) nearly ¼ the value of the land and buildings, free; maximum: $1120, plus (b) value of stock and equipment, free; maximum: $1200.

No Time Limit

FARMS

Practical farming experience is required. You may take training to gain experience or brush up, but people with a city background are not encouraged in full time farming.

SMALL HOLDING

For the man with a regular job or income; farming experience not essential; Land in low-tax areas for spare-time gardening, light stock raising, etc.

FISHING

Experience in commercial fishing required. Equipment allowance may be used for gear, and two veterans may pool equipment allowances.

THIS OR THIS

RE-ESTABLISHMENT CREDIT

(you must apply, showing how you would use the credit due to you.)

IF you don't want Vocational or University training, or benefits under the Veterans' Land Act; or if the value of what you do want under one of those headings is less than the amount of your RE-ESTABLISHMENT CREDIT, (which equals your Basic War Service Gratuity), you may use that Credit, or the remainder of it, to:

BUY, BUILD, REPAIR OR MODERNIZE YOUR HOUSE

You may use the Credit due to you:

(a) to make up to two-thirds of the down payment
(b) to reduce your present mortgage
(c) repair or modernize the house you're going to live in

BUY FURNITURE OR HOUSEHOLD EQUIPMENT

You may use the Credit due to you to pay up to two-thirds of the cost of household equipment for domestic use.

PAY INSURANCE PREMIUMS

You may use the Credit due to you to pay premiums on Insurance *issued by the Canadian Government.*

BUY A BUSINESS

You may use the Credit due to you to make up to two-thirds of the down payment on a Business or Practice which you are qualified to run.

BUY INSTRUMENTS, TOOLS, EQUIPMENT

You may use the Credit due to you to purchase tools, instruments, or equipment necessary for your calling.

PROVIDE WORKING CAPITAL

You may use the Credit due to you as a source of Working Capital for your business or profession.

AND *if applicable*

YOUR OLD JOB

If you had a job for three months, which you left to join up, and the employment still exists, your employer has to take you back on as good terms as if you had never left—provided you apply within a specified time.

CIVIL SERVICE JOBS

Any veteran with a pensionable disability, or any veteran who has served overseas, if he qualifies, is given a preference over civilians or over those who have had service in Canada only, in the selection of Civil Servants.

AWAITING-RETURNS GRANTS

If you start a business or a farm, and have to wait some time for it to pay returns, you may be eligible for a living allowance of up to $50 a month for a single man, $70 a month for a man and wife, plus an allowance for dependents.

UNEMPLOYMENT INSURANCE

If you get a job covered by Unemployment Insurance, and stay there for 15 weeks, you get insurance credit for all the time you spent in the Service after June 30, 1941, the date when the Act came into force.

VETERANS' INSURANCE

Any time up to three years after discharge, except in a few cases, you may take out a government life policy up to $10,000, without having a medical examination. This is a good way to insure the future of your family.

you may need

HEALTH BENEFITS

Allowances to see you through Temporary Illness, necessary Hospitalization, or Out-patient Treatments, will be paid under certain circumstances. See your Rehabilitation Officer or Veterans' Affairs Representative for the details.

PENSIONS

Permanent disabilities suffered overseas or on duty in Canada, but not resulting from your misconduct, will qualify you for a pension, according to the degree of disability. Pensioners may also get special Treatment Benefits.

OUT-OF-WORK BENEFIT

Any time in the first 18 months after your discharge, IF you are fit for work, but work can't be found, you may draw a living allowance of $50 a month for a single man, $70 a month for a man and wife, plus allowance for dependents. This can be paid for 12 months, (or the length of time you served, if less).

Prepared by the Wartime Information Board and the National Film Board, for the Inter-Departmental Committee on Rehabilitation Information. *Issued by the Government of Canada*

La guerre contre le Japon

Les militaires du Canada ont pris part à la lutte pour libérer l'Asie du Sud-Est de l'occupation japonaise. Même si le Canada a ciblé principalement ses efforts sur la guerre contre l'Allemagne, les forces militaires canadiennes ont aussi combattu dans le Pacifique.

Le 8 décembre 1941, les troupes japonaises ont envahi la colonie britannique de Hong Kong. Des troupes canadiennes se sont retrouvées prises dans le conflit. Deux bataillons canadiens ainsi que des militaires et des infirmières de soutien y ont voyagé pour renforcer la garnison britannique de Hong Kong à la fin de 1941. Après une lutte héroïque et couteuse, la garnison, condamnée, s'est rendue le 25 décembre 1941.

Sur les 2 000 militaires du Canada en service à Hong Kong, 290 ont perdu la vie et 483 ont subi des blessures. Pour les militaires qui ont survécu, la bataille s'est poursuivie en captivité, dans les camps du Japon, où des conditions terribles devaient être endurées.

06

Soldats canadiens à l'entrainement dans l'ile de Hong Kong avant l'invasion par le Japon, en décembre 1941.

Amour et chance

Les militaires du Japon portaient des *yosegaki Hinomaru* (fanions porte-bonheur) sur lesquels figuraient des messages de victoire et de sécurité provenant de leurs proches.

Ce drapeau est orné de plus de 150 noms et messages différents, tels que « Je prie pour que la chance perdure pendant la guerre », « Héroïsme et service » et « Le pouvoir de 1 000 personnes ».

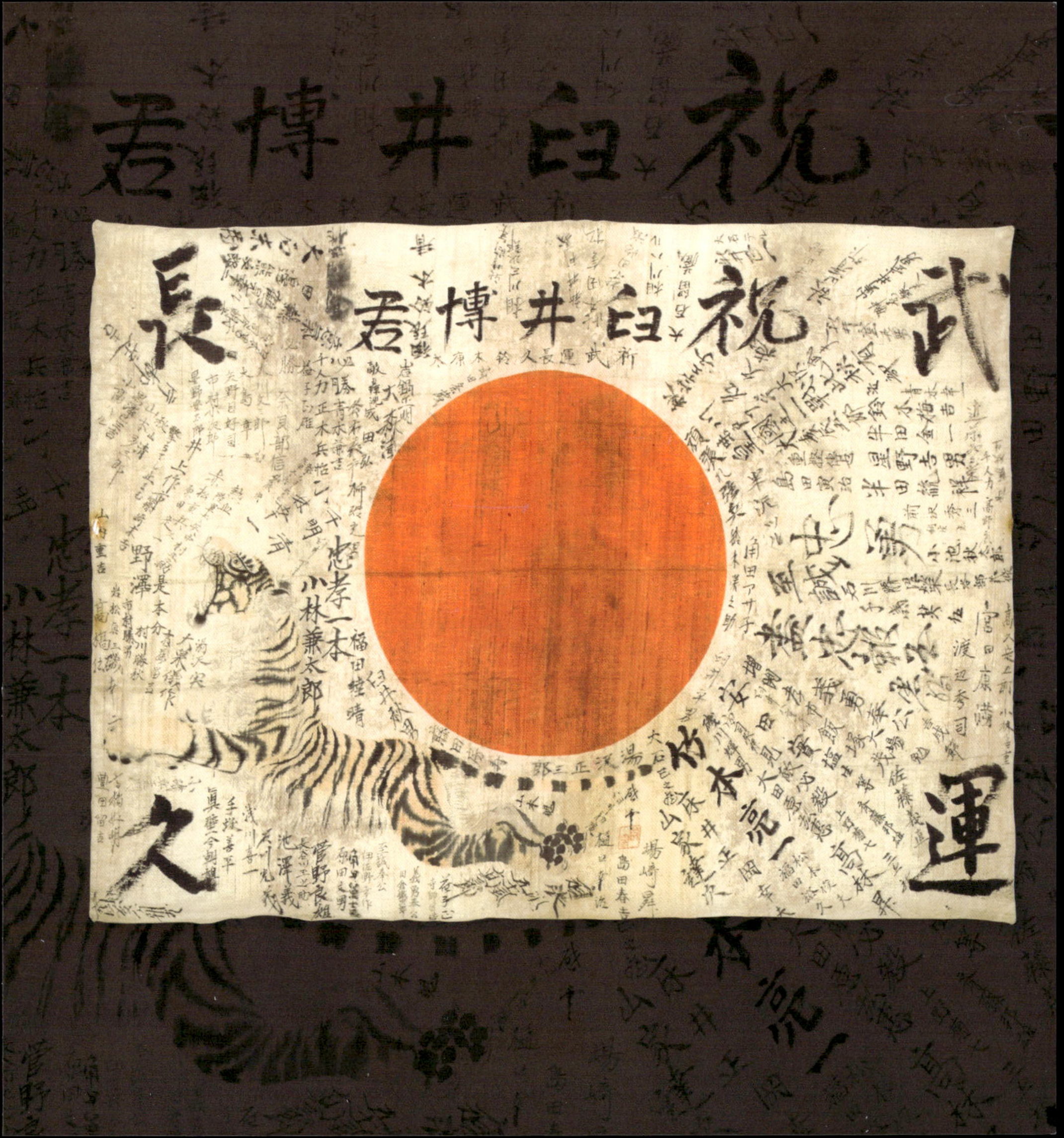
祝臼井博君
武運長久
忠孝一本
小林兼太郎

L'internement en temps de guerre

Signaleur William Allister (1920-2008)

Quand William Allister a appris qu'il partirait outre-mer à la fin de 1941, il espérait que ce soit à destination de l'Angleterre. Il a plutôt été envoyé à Hong Kong.

Dans les semaines suivant son arrivée, les troupes japonaises ont attaqué. Capturé, William a été détenu jusqu'à la fin de la guerre. La peinture l'a aidé à supporter l'épreuve. William utilisait du matériel artistique improvisé : de l'huile de vilebrequin et des morceaux de tissu de tente volés lui servaient de peinture et de toile.

Sans titre

Peinture de William Allister, réalisée en 1942
Huile sur toile

Poseh Detachment,

British Army Aid Group, CHINA.

No.: PS/P/20

Name: William Chong Gun

Age: 30

Occupation: Interpreter

Date of Employment: 1st May 1942

Signature of Officer-in-Charge:

..................Lt.Col.,
O.C., Poseh Dett., B.A.A.G.

Date issued: 13th July 1945

Date expired: 31st Dec. 1945

駐華英軍服務團百色辦事處

姓名	年齡	籍貫	貼相片處
鄭根	三十	廣東台山	

職別	號數	發給日期	作廢日期	主管簽名
翻譯	百字第貳拾號	民卅四年七月十三日	民卅四年十二月卅一日	梅攔意中校

Derrière les lignes ennemies

William « Bill » Gun Chong, B.E.M. (1911-2006)

Bill Chong est né et a grandi à Vancouver, en Colombie-Britannique. Il se trouvait à Hong Kong pour gérer la succession de son père lorsque les troupes japonaises ont envahi la ville. Craignant pour sa vie, Bill s'est enfui en Chine, où il a été recruté par les Alliés comme agent d'infiltration. Il avait pour nom de code « Agent 50 ».

Bill a risqué sa vie en voyageant partout dans les territoires occupés par le Japon, sous les auspices du British Army Aid Group. Il passait en contrebande des fournitures médicales et guidait les pilotes d'avion afin de les aider à fuir.

Un couple civil en captivité

Frederick Charles « Reg » Oppen (1906-2007)
Hermena Jean Oppen (1911-2005)

Lorsque Hong Kong est tombée aux mains du Japon, le couple Reg et Jean Oppen, nouvellement marié, a été interné. Pendant plus de 19 mois, il a subi des privations et des traitements indignes, jusqu'à sa libération dans un échange, en septembre 1943. Reg et Jean n'ont rapporté que leur couverture de l'armée japonaise, sur laquelle était cousu leur nom. Le reste de leurs maigres possessions a été donné aux personnes internées qui étaient restées dans le camp.

Mariage de Reg Oppen et
de Jean Oppen à Hong Kong,
le 31 aout 1940.

Un pilote prometteur

Lieutenant d'aviation William « Will » Joseph Kyle (1922-1945)

Will Kyle s'est enrôlé dans l'Aviation royale du Canada en septembre 1942. Ayant terminé ses études secondaires deux ans auparavant, il travaillait dans un bureau et était fiancé.

Will a servi 449 jours outre-mer, d'abord en Grande-Bretagne, en avril 1944, puis en Inde plus tard dans l'année. De là, lui et d'autres membres de l'Aviation royale du Canada ont effectué des missions pour aéroporter du personnel et du ravitaillement pour les forces terrestres alliées en Birmanie.

Ces troupes britanniques et indiennes ont lancé une série d'offensives désespérées dans la jungle, où elles ont affronté à la fois les forces ennemies, les difficultés causées par les pluies de la mousson et les maladies endémiques.

Photo du dossier de service du lieutenant d'aviation William Kyle.

6
6
5
5
A86 30
193712

Le 21 juin 1945, à 11 h 55, Will s'est envolé pour une mission de ravitaillement vers Myitkina, en Birmanie. Son appareil, un Dakota C-47, n'est jamais revenu.

Cinq autres membres de l'Aviation royale canadienne accompagnaient Will ce jour-là. Leur sort est demeuré inconnu pendant des décennies.

Adjudant de 2e classe William Bennet Rogers

Le pilote William Bennet Rogers était aux commandes de l'avion pendant la mission fatale du 21 juin 1945. Il servait dans le Pacifique depuis septembre 1944 et avait fait de nombreux largages de ravitaillement pour soutenir les forces au sol.

Photo tirée du dossier de service de l'adjudant de 2e classe William Rogers.

Sergent de section Charles Peter McLaren

Le sergent de section Charles Peter McLaren était dur à l'ouvrage, et les responsables de sa formation avaient vu son potentiel d'excellence.

Photo tirée du dossier de service du sergent de section Charles McLaren.

Aviateur-chef John Kopp

Cornelius John Kopp a été agriculteur de 16 à 24 ans, puis s'est enrôlé dans l'Aviation royale du Canada.

Photo tirée du dossier de service de l'aviateur-chef Cornelius Kopp.

Adjudant de 1re classe Stanley James Cox

Stanley James Cox avait servi en Angleterre avant d'être affecté en Inde, en juillet 1944. Il a laissé derrière lui sa nouvelle épouse, Mabel, à Londres.

Photo tirée du dossier de service de l'adjudant de 1re classe Stanley Cox.

Lieutenant d'aviation David « Dave » McLean Cameron

Le 7 juillet 1945, Edna Cameron a reçu une lettre troublante. « Leur aéronef a été trouvé; apparemment, ils se sont écrasés sur le flanc d'une colline », a écrit un ami de Dave, pour l'informer du décès de son fils.

Quand Edna a demandé des précisions aux responsables militaires, ces derniers ne connaissaient pas la source de ce rapport. À l'époque, les six membres de l'équipage étaient considérés comme disparus au combat.

Photo tirée du dossier de service du lieutenant d'aviation David Cameron.

Après avoir appris la disparition de son fils, la mère de Will Kyle, Edith, attendait des précisions. Cette période d'angoisse et d'incertitude a été atroce. Will a été déclaré présumé mort en mars 1946, mais ses restes n'ont été retrouvés que des décennies plus tard.

En novembre 1990, un chasseur au Myanmar (anciennement la Birmanie) est tombé sur l'épave d'un aéronef dans lequel il a récupéré une montre gravée ayant appartenu à Will. Cette découverte a été portée à l'attention d'Anciens Combattants Canada en 1995. Des débris de l'appareil abattu ont pu être récupérés.

Morceau du fuselage récupéré du Dakota C 47 abattu.

Les restes de Will et des autres membres de l'équipage sont restés dans la jungle pendant plus de 50 ans. Ils n'ont été retrouvés qu'en décembre 1996.

Trois mois plus tard, Anciens Combattants Canada a dirigé une délégation officielle au Myanmar, composée de membres des familles ainsi que de militaires du Canada qui avaient servi ou qui étaient toujours en activité, pour y tenir des funérailles militaires. Ce drapeau recouvrait le cercueil au cours de la cérémonie. Les six membres de l'équipage ont été inhumés ensemble, dans une même sépulture, au cimetière de guerre de Taukkyan.

Un pays façonné par la guerre

Se relevant des cendres de la guerre, plus d'un million de vétéranes et de vétérans ont uni leurs efforts à ceux de leurs compatriotes et de communautés pour bâtir un pays plus fort. La Seconde Guerre mondiale a changé le Canada à jamais.

Elle a rallié les Canadiennes et les Canadiens dans la lutte pour la victoire. Elle a aussi mis au jour les fissures au sein de la société lorsque la loyauté de certains groupes ethniques, linguistiques et religieux a été remise en cause. Après la guerre, le Canada a entrepris de colmater ces fissures, d'accueillir de nouvelles citoyennes et de nouveaux citoyens provenant de régions encore ébranlées par le conflit et de faire de la place pour les militaires de retour au pays.

07

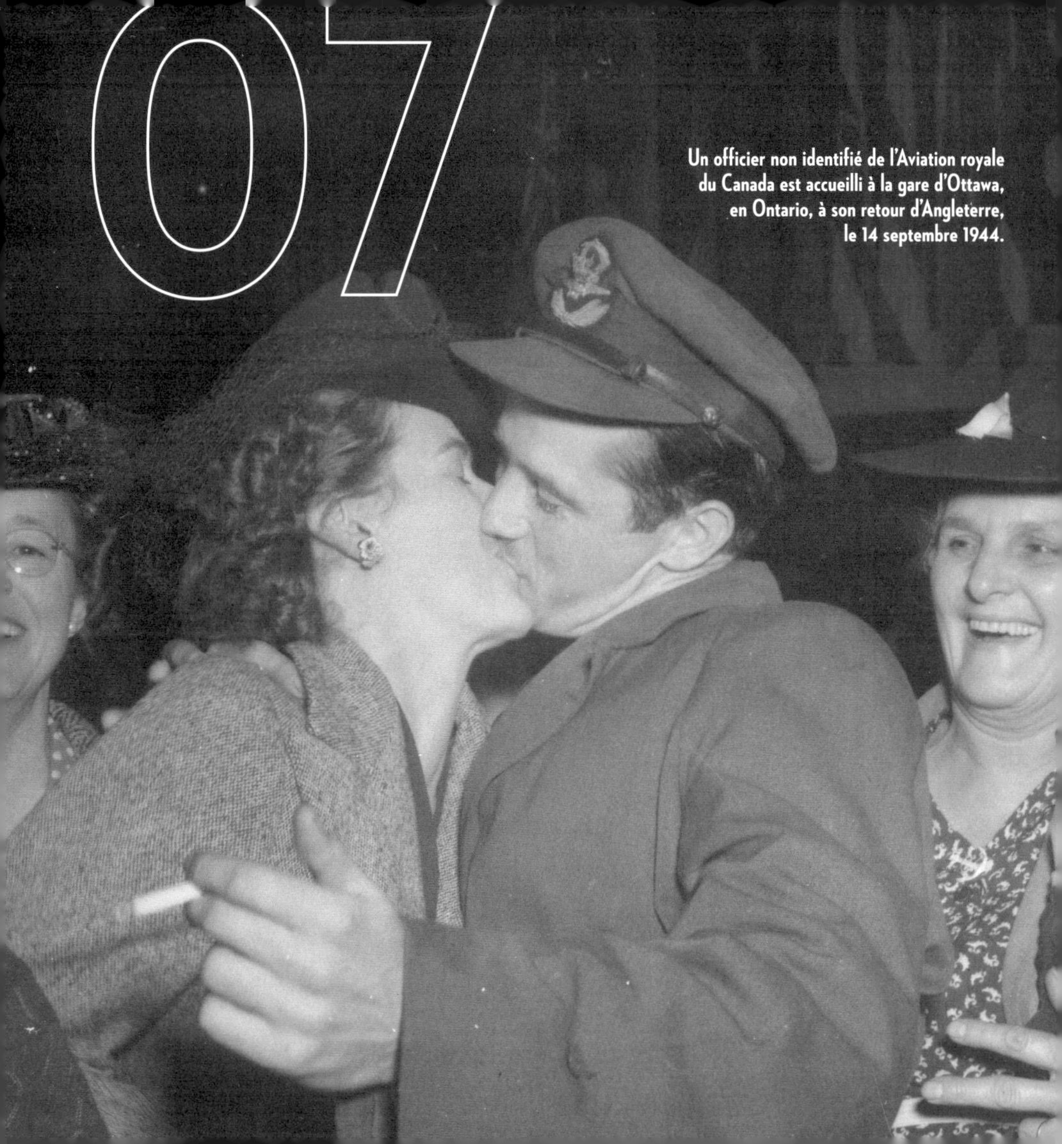

Un officier non identifié de l'Aviation royale du Canada est accueilli à la gare d'Ottawa, en Ontario, à son retour d'Angleterre, le 14 septembre 1944.

Réinstallation forcée

Michiko « Midge » (Ishii) Ayukawa (1930-2013)

Dès 1941, le gouvernement du Canada a dépossédé de leurs maisons et de leurs commerces des milliers de Canadiennes et de Canadiens d'origine japonaise, tout en restreignant les endroits où ces gens pouvaient vivre.

En 1942, une politique raciste a forcé plus de 22 000 Canadiennes et Canadiens d'origine japonaise à quitter la côte ouest, par crainte d'une invasion par le Japon. Michiko Ishii, alors âgée de 12 ans, était du nombre ainsi que ses parents et ses deux frères. La famille a dû s'installer à environ 600 kilomètres à l'intérieur des terres, à Lemon Creek, en Colombie-Britannique.

L'expérience s'est révélée déchirante, démoralisante et déshumanisante.

Après la guerre, Michiko a adopté le prénom anglicisé « Midge ». Elle a fait des études en chimie, puis a épousé Kaoru « Karl » Ayukawa, en 1955. Après un voyage au Japon, qui a éveillé son intérêt pour l'histoire des immigrantes et des immigrants qui ont quitté le Japon pour le Canada, Michiko a commencé une carrière d'historienne.

Michiko Ishii à Lemon Creek, en Colombie-Britannique, en 1945.

Regina (Rosenbaum) Gertner et Berek Gertner en Allemagne, en avril 1947.

Repartir à zéro

Regina (Rosenbaum) Gertner (1927-2009)

Regina Rosenbaum avait 16 ans lorsqu'elle a été emprisonnée au camp de concentration d'Auschwitz. Jugée apte à travailler, elle a été transférée au camp de Gross-Rosen, où elle a été contrainte au travail forcé. Environ 40 000 personnes sont mortes à ce camp. On estime que six millions de personnes juives ainsi que cinq millions d'autres personnes ont été assassinées durant l'Holocauste.

De 1947 à 1955, environ 35 000 survivantes et survivants de l'Holocauste ont pu s'établir au Canada avec leurs personnes à charge. Parmi ces gens figuraient Regina, son mari Berek Gertner et leurs enfants, Henry et Eric.

Les Gertner ont trouvé réconfort et soutien à Toronto, en Ontario, auprès d'autres membres de la communauté juive ayant survécu à l'Holocauste.

En lice pour la médaille d'or

Lieutenant-colonel Hubert Brooks, M.C., C.D. (1921-1984)

La nuit du 8 avril 1942, l'appareil dans lequel se trouvait Hubert Brooks lors de sa deuxième sortie s'est enflammé dans le ciel de l'Allemagne. Capturé, Hubert a été fait prisonnier de guerre. Après son évasion en mai 1943, il a servi dans la résistance polonaise durant le reste du conflit.

Après avoir servi son pays en temps de guerre, Hubert l'a servi sur une patinoire. Il a été membre des Flyers de l'ARC, une équipe réunie à la hâte pour représenter le Canada aux Jeux olympiques de 1948. Cette formation était composée d'aviateurs actifs et d'ex-aviateurs. Contre toute attente, les Flyers ont remporté la médaille d'or olympique.

Hubert a pris sa retraite de la vie militaire en 1971, après 31 ans de service.

Chandail de hockey des Flyers de l'ARC porté par Hubert Brooks aux Jeux olympiques.

75 ans plus tard

Près de 1,1 million d'hommes et de femmes ont servi en uniforme, et quelque 3,1 millions d'individus ont travaillé dans les industries de guerre essentielles. La quasi-totalité des personnes demeurées au pays a aussi été touchée par le conflit. Environ 45 000 personnes ont sacrifié leur vie à une guerre nécessaire contre le fascisme, pour défendre les idéaux auxquels elles croyaient.

Pour souligner le 75e anniversaire de la fin de la Seconde Guerre mondiale, le Musée canadien de la guerre est fier de mettre en lumière et d'honorer les expériences et les contributions de l'ensemble des Canadiennes et des Canadiens qui ont contribué à la victoire des forces alliées.

Nelson Langevin et Maurice Gauthier, vétérans de la Seconde Guerre mondiale, au Musée canadien de la guerre, en 2012.

CBC Radio-Canada
Maurice Gauthier
LES OUTILS DE LA SURVIE / SURVIVAL TOOLS

Une foule rassemblée à Ottawa célébrant la Victoire en Europe, le 8 mai 1945.

CONTRIBUTIONS

Nous tenons à remercier le noyau de l'équipe d'exposition : Stacey Barker, Arlene Doucette, Patricia Grimshaw, Jessica Shaw, Manon Tissot et l'équipe de Haley Sharpe Design.

Nous voulons également souligner les contributions de plusieurs collègues au Musée canadien de la guerre et au Musée canadien de l'histoire, qui ont rendu possible la création de cette exposition : Jeff Noakes, Maggie Arbour, Eric Fernberg, Meredith Maclean, Alain Simard, Shannyn Johnson, Christina Parsons, Robyne Ahmed, Erin Monette, Jennifer Potter, Kirby Sayant, Shirley Lam, Anne Macdonnell, Mona Ardestani, Ken Easton, Dave Deevey, Jean Couture, Jimmy Yousef et Ryan Dodge.

Ce projet a bénéficié des conseils de Glenn Ogden, de Kathryn Lyons, de Peter MacLeod, de James Whitham et de Caroline Dromaguet.

Enfin, nous remercions Susan Ross, pour ses photos exceptionnelles, ainsi que Pascal Scallon-Chouinard, pour la production de ce catalogue.

SOURCES DES PHOTOS

p. 3 © Imperial War Museum (KF 189)

p. 7 Collection d'archives George-Metcalf, Musée canadien de la guerre, 20180400-002_13

p. 8 Collection d'archives George-Metcalf, Musée canadien de la guerre, 20150279-001_76e

p. 11 Jack H. Smith/Ministère de la Défense nationale du Canada/Bibliothèque et Archives Canada/PA-151748

p. 13 Ronny Jaques/Photothèque de l'Office national du film du Canada/Bibliothèque et Archives Canada/ MIKAN no 3197359

p. 15 Musée canadien de la guerre, 20190178-001

p. 16 Musée canadien de la guerre, 19750520-010

p. 17 Collection commémorative Tilston de médailles militaires canadiennes, Musée canadien de la guerre, 20100138-001

p. 18 Collection d'archives George-Metcalf, Musée canadien de la guerre, 20170100-001_9

p. 20 Musée canadien de la guerre, 20030060-001

p. 21 Musée canadien de la guerre, 19700224-029_12

p. 23 Collection d'art militaire Beaverbrook, Musée canadien de la guerre, 19710261-5678

p. 25 Collection d'archives George-Metcalf, Musée canadien de la guerre, 20160134-015_7b

p. 27 Collection d'art militaire Beaverbrook, Musée canadien de la guerre, 19710261-4852

p. 28 Musée canadien de la guerre, 19680136-001

p. 29 Collection d'archives George-Metcalf, Musée canadien de la guerre, 20080073-005

p. 31 Collection commémorative Tilston de médailles militaires canadiennes, Musée canadien de la guerre, 20080073-004

p. 33 Collection d'archives George-Metcalf, Musée canadien de la guerre, 20080073-001

p. 34 Collection d'archives George-Metcalf, Musée canadien de la guerre, 20180400-002_9

p. 35 Collection d'archives George-Metcalf, Musée canadien de la guerre, 20180400-001a

p. 36 Musée canadien de la guerre, 20080094-006, 001

p. 37 Collection d'archives George-Metcalf, Musée canadien de la guerre, 20080094-159

p. 39 Lt Terry F. Rowe/Ministère de la Défense nationale du Canada/Bibliothèque et Archives Canada/PA-14187

p. 41 Collection d'archives George-Metcalf, Musée canadien de la guerre, 20100088-011-1

p. 42 Collection d'archives George-Metcalf, Musée canadien de la guerre, 20100088-027

p. 44 Collection commémorative Tilston de médailles militaires canadiennes, Musée canadien de la guerre, 20100088-002

p. 47 Lt Frederick G. Whitcombe/Ministère de la Défense nationale du Canada/Bibliothèque et Archives Canada/PA-163411

p. 48 Collection d'archives George-Metcalf, Musée canadien de la guerre, 20170753-002

p. 49 Musée canadien de la guerre, 20170753-001

p. 50 Collection d'art militaire Beaverbrook, Musée canadien de la guerre, 19710261-2203

p. 53 Collection commémorative Tilston de médailles militaires canadiennes, Musée canadien de la guerre, 20090092-001

p. 55 Lt Donald I. Grant/Ministère de la Défense nationale du Canada/Bibliothèque et Archives Canada/PA-113659

p. 56 (à l'arrière) Avec l'autorisation de Jean Brunette

p. 56 (à l'avant) Musée canadien de la guerre, 20150193-001

p. 57 Musée canadien de la guerre, 20010002-001

p. 58 Musée canadien de la guerre, 20130345-001_2

p. 59 Collection d'archives George-Metcalf, Musée canadien de la guerre, 20130345-001a

p. 60 Collection d'archives George-Metcalf, Musée canadien de la guerre, 20050108-003

p. 62 Collection d'archives George-Metcalf, Musée canadien de la guerre, 19830600-002_2

p. 63 Collection d'archives George-Metcalf, Musée canadien de la guerre, 19830600-002, 006, 007

p. 65 (à l'arrière) Ministère de la Défense nationale du Canada/Bibliothèque et Archives Canada/PA-150143

p. 65 (à l'avant) Musée canadien de la guerre, 20130082-001

p. 66 Collection d'archives George-Metcalf, Musée canadien de la guerre, 20140022-002c

p. 69 Ministère de la Défense nationale du Canada/ Bibliothèque et Archives Canada/PA-129070

p. 71 Sgt Karen M. Hermiston/Ministère de la Défense nationale du Canada/Bibliothèque et Archives Canada/PA-128229

p. 73 Musée canadien de la guerre, 20090072-001

p. 74 Collection d'archives George-Metcalf, Musée canadien de la guerre, 20140495-003_3

p. 76 Musée canadien de la guerre, 19610026-001

p. 77 Collection d'art militaire Beaverbrook, Musée canadien de la guerre, 19710261-1391

p. 79 Collection d'art militaire Beaverbrook, Musée canadien de la guerre, 19710261-1636

p. 80 Collection d'archives George-Metcalf, Musée canadien de la guerre, 20110057-020_21d

p. 81 Collection d'archives George-Metcalf, Musée canadien de la guerre, 20110057-020

p. 83 Collection d'archives George-Metcalf, Musée canadien de la guerre, 20160421-001

p. 85 Collection de la Bibliothèque Hartland-Molson, REF PAM UB 359 C2 O58 1945

p. 87 © Imperial War Museum (KF 189)

p. 89 Musée canadien de la guerre, 19790462-004

p. 91 Collection d'art militaire Beaverbrook, Musée canadien de la guerre, 20120037-001

p. 92 Avec l'aimable autorisation de Francis Lee

p. 94 Musée canadien de la guerre, 20090057-001, 002

p. 95 Collection d'archives George-Metcalf, Musée canadien de la guerre, 20090057-003

p. 96 (à l'arrière) Bibliothèque et Archives Canada/MIKAN 4674231

p. 97 © Gouvernement du Canada. Reproduction avec la permission de Bibliothèque et Archives Canada (2019). Source : Bibliothèque et Archives Canada/Fonds du ministère de la Défense nationale/RG24, vol. 27928

p. 99 © Gouvernement du Canada. Reproduction avec la permission de Bibliothèque et Archives Canada (2019). Source : Bibliothèque et Archives Canada/Fonds du ministère de la Défense nationale/RG24, vol. 29154

p. 100 © Gouvernement du Canada. Reproduction avec la permission de Bibliothèque et Archives Canada (2019). Source : Bibliothèque et Archives Canada/Fonds du ministère de la Défense nationale/RG24, vol. 28115

p. 101 © Gouvernement du Canada. Reproduction avec la permission de Bibliothèque et Archives Canada (2019). Source : Bibliothèque et Archives Canada/Fonds du ministère de la Défense nationale/RG24, vol. 27921

p. 102 © Gouvernement du Canada. Reproduction avec la permission de Bibliothèque et Archives Canada (2019). Source : Bibliothèque et Archives Canada/Fonds du ministère de la Défense nationale/RG24, vol. 25124

p. 103 © Gouvernement du Canada. Reproduction avec la permission de Bibliothèque et Archives Canada (2019). Source : Bibliothèque et Archives Canada/Fonds du ministère de la Défense nationale/RG24, vol. 24989

p. 105 Musée canadien de la guerre, 20010125-032

p. 106 Musée canadien de la guerre, 20010125-038

p. 109 Ministère de la Défense nationale du Canada/ Bibliothèque et Archives Canada/PA-065042

p. 111 Collection d'archives George-Metcalf, Musée canadien de la guerre, 20150279-001_43c

p. 112 Avec l'aimable autorisation de la famille Gertner

p. 113 Musée canadien de la guerre, 19840238-001

p. 115 Musée canadien de la guerre, 2012-0007-0035-Dp1

p. 116 Chris Lund/Phototèque de l'Office national du film du Canada/Bibliothèque et Archives Canada/PA-111593